Von Herzen schöne Weihnachten

Ein Fest naht, ein Fest wie kein anderes.
Für alle, die guten Willens sind.
Ein Fest, dessen Geist die Welt umspannt
und über Berge und Täler verkündet:
Christ ist geboren.

Joachim Ringelnatz

Nach Hause kommen, das ist es,
was das Kind von Bethlehem allen
schenken will, die weinen, wachen
und wandern auf dieser Erde.

Friedrich von Bodelschwingh

Ich wünschte, wir könnten etwas
von der Weihnachtsstimmung
in Einweckgläser stecken
und jeden Monat eines öffnen.

Harlan Miller

Der Christbaum ist der schönste Baum,
den wir auf Erden kennen,
im Garten klein, im engsten Raum,
wie lieblich blüht der Wunderbaum,
wenn seine Blümchen brennen!

Johannes Karl

Sei deiner Welt, so viel du kannst, ein Engel.
So wird sie dir, trotz dem Gefühl der Mängel,
so viel sie kann, dafür ein Himmel sein.

Christoph August Tiedge

Weihnachten ist die Zeit, wo man Heimweh bekommt – selbst, wenn man zu Hause ist.

Carol Nelson

Vom Himmel in die tiefsten Klüfte
ein milder Stern hernieder lacht;
vom Tannenwalde steigen Düfte
und hauchen durch die Winterlüfte,
und kerzenhelle wird die Nacht.

Theodor Storm

Du kannst nur lernen, dass du das,
was du suchst, schon selber bist.
Alles Lernen ist das Erinnern an etwas,
das längst da ist und nur auf Entdeckung
wartet. Alles Lernen ist nur das Wegräumen
von Ballast, bis so etwas übrig bleibt
wie eine leuchtende innere Stille. Bis du
merkst, dass du selbst der Ursprung
von Frieden und Liebe bist.

Sokrates

Ein frommer Zauber hält mich wieder,
anbetend, staunend muss ich stehn;
es sinkt auf meine Augenlider
ein goldner Kindertraum hernieder,
ich fühls – ein Wunder ist geschehn.

Theodor Storm

Ich weiß, dass ich jemanden in
meiner Nähe habe, dem ich rückhaltlos
vertrauen kann, und das ist etwas,
was Ruhe und Kraft gibt.

Edith Stein

Du erleuchtest alles gar,
was jetzt ist und kommt und war.
Voller Pracht wird die Nacht,
weil dein Glanz sie angelacht.

Angelus Silesius

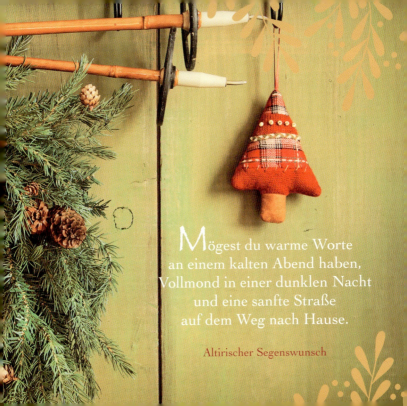

Mögest du warme Worte
an einem kalten Abend haben,
Vollmond in einer dunklen Nacht
und eine sanfte Straße
auf dem Weg nach Hause.

Altirischer Segenswunsch

Sich selbst nur Freude zu machen,
macht keine Freude.
Freude macht nur Freude,
wenn sie geteilt wird.

Von den Kelten

Ich werde Weihnachten in meinem
Herzen ehren und versuchen,
es das ganze Jahr hindurch aufzuheben.

Charles Dickens

Und wieder strahlen Weihnachtskerzen
und wieder loht der Flamme Schein,
und Freude zieht in unsere Herzen
an dieser heiligen Weihnacht ein.
Und frohe Weihnachtslieder klingen
in unsren Landen weit und breit.
O welch ein Jubel, welch ein Singen!
O wundervolle Weihnachtszeit!

Volksgut

Zu Bethlehem, da ruht ein Kind
im Kripplein eng und klein.
Das Kindlein ist ein Gotteskind,
nennt Erd und Himmel sein.

Annette von Droste-Hülshoff

In einer so beschaffenen Welt gleicht der, welcher viel an sich selber hat, der hellen, warmen, lustigen Weihnachtsstube mitten im Schnee und Frost der Dezembernacht.

Arthur Schopenhauer

Das Christkind aber möge euch bringen
die schönsten von allen schönen Dingen,
und was ihr nur immer träumt,
wünscht, oder dachtet,
dass ihr es wohl gerne haben möchtet.

Wilhelm Busch

Umschlagfoto: Shutterstock / Losevsky Pavel

Fotos: Shutterstock: S. 7 barbaradudzinska / S. 8-9 Regina Chayer /
S. 11 Maria Dryfhout / S. 13 Redphotographer / S. 15 Ruth Black /
S. 17 Katarzyna Krawiec / S. 18-19 ElenaKor / S. 21 SimonovA / S. 23 mitzy /
S. 25 Darren K. Fisher / S. 27 Ingrid Balabanova / S. 29 Anette Linnea Rasmussen /
S. 30-31 Sandra Cunningham / S. 33 Katarzyna Krawiec / S. 35 Ina Schoenrock /
S. 37 Karen Kaspar / S. 39 Smileus / S. 40-41 Darren K. Fisher / S. 43 Dusan Zidar

Es ist nicht gestattet, Abbildungen dieses Buches zu scannen,
in PCs oder auf CDs zu speichern oder in PCs/Computern zu verändern
oder einzeln oder zusammen mit anderen Bildvorlagen zu manipulieren,
es sei denn mit schriftlicher Genehmigung des Verlages.

© 2010 Pattloch Verlag GmbH & Co. KG, München

Gesamtgestaltung: Christine Rechl
Bildredaktion: Markus Röleke
Lektorat: Silke Bromm, Pattloch Verlag
Druck und Bindung: Sachsendruck Plauen GmbH
Printed in Germany

ISBN 978-3-629-10559-2

www.pattloch.de

02 04 05 03